मानवसार

सिमरनजीत सिंह

मैं यह पुस्तक...

मेरे परिवार को, जिनका प्यार और प्रोत्साहन मेरे जीवन को दिशा दे रहे हैं।

मेरे प्रिय मित्रों को, जो हमेशा मेरी शक्ति और प्रेरणा का स्रोत रहे हैं।

उन कवियों और विचारकों को, जिनके शब्दों ने मेरे विचारों को आकार दिया और मेरी कविताओं को जीवन दिया।

पाठकों को, आशा है ये शब्द आपके साथ गूंजेंगे और आपके दिल में जगह बना पाएंगे।

...को समर्पित करता हूँ।

क्रम-सूची

प्रस्तावना

यह पुस्तक उन विचारों का संगम है जो छंदों की पारंपरिक सीमाओं से परे हैं।

इसमें न कोई बंधन है चौपाई का, न ही दोहे का। यह एक स्वतंत्र काव्य है जो लेखक के मन की गहराइयों से निकला है।

जीवन के अनुभवों, मानवीय भावनाओं और चिंतन को प्रकाशित करते हुए, यह रचनाएँ आपको आत्मचिंतन की यात्रा पर ले जाएंगी। हर पंक्ति में छिपे अर्थ आपको जीवन के सार को नए दृष्टिकोण से देखने के लिए प्रेरित करेंगे।

यह पुस्तक आपके विचारों को उद्वेलित करने का प्रयास करती है, और हर शब्द लेखक की अभिव्यक्ति का हिस्सा है जो अब आपसे साझा की जा रही है।

भूमिका

इस पुस्तक की भूमिका केवल शब्दों और कविताओं तक सीमित नहीं है। यह एक यात्रा है–उस आंतरिक संघर्ष की, जो इंसान के मन और आत्मा में निरंतर चलता रहता है।

कविताएं जीवन के हर पहलू को उजागर करती हैं–चाहे वह संघर्ष हो, सफलता की राह हो, या फिर उन निराशाओं का सामना करना हो, जो हमें हमारी यात्रा में मिलती हैं। कभी न कभी हम सभी को जीवन में ऐसा समय आता है जब हमें अपनी असल ताकत को पहचानना होता है।

यह पुस्तक उन सभी को समर्पित है जो अपने जीवन में किसी न किसी रूप में चुनौतियों का सामना करते हैं और जिनकी आत्मा कभी हार नहीं मानती।

पावती (स्वीकृति)

इस काव्य संग्रह की समीक्षा करने के लिए मैं मनविंदर सैनी का दिल से आभार व्यक्त करता हूँ। आपकी विचारशील समीक्षाओं और सजीव टिप्पणियों ने इस पुस्तक को एक नया दृष्टिकोण दिया। आपके समर्थन और मार्गदर्शन के लिए मैं हमेशा आभारी रहूँगा|

आमुख

कविता संग्रह

• xiii •

लेखक: सिमरनजीत सिंह

1. मानवसार

"जीवन का रहस्य क्या
खुद ही तय कर लीजिए,
औरों की परिभाषा
पर विश्वास न कीजिए।"

"आना आना जोड़कर
खुद धीरज लिया धर,
माँ-बाप ने जीवन में
अर्पण सब दिया कर।"

सिमरनजीत सिंह

"जीवन है एक भाग दौड़
मन शांत कैसे होये,
अपने प्रिय के संग में
जग मन शीतल होये।"

"सर पर चढ़ा प्रेम रंग
छूटे न छोड़ा जाए,
तिनका तिनका बांट दे
ये और भी चढ़ता जाए।"

सिमरनजीत सिंह

"सुख दुःख हैं दो दशाएँ,
एक ही जीवन का भाग,
दोनों ही सामान्य लगें
जिसके खुल गए भाग।"

"चिंता करता रहे यह मन
कालचक्र में फसा,
बीते हुए और आने वाले
कल में ही मन धंसा।"

"सौदे लगें कुछ संबंध,
क्या दिया और क्या मिलेगा,
बिना आस के वो संबंध नहीं
प्रेम भला कैसे खिलेगा।"

"संतानों की आस में
दिन-रात रहे रोये,
जिनको मिला सब मन चाहा
वह भी सुखी न होये।"

"किससे रिश्ता जोड़िए
जीवत रहे न कोई,
आत्मा तो अमर रहे
न जीती न मोई |"

"अनचाही यात्रा शमशान की,
सब चले छोड़ने जाएं,
अंतिम हो ये विदाई
फिर मृत्यु लोक न आएं।"

सिमरनजीत सिंह

"सब सच का पाठ पढ़ा रहे
झूठ की परत लगाए,
सच पचता किसी किसी को
हर कोई पचा न पाए।"

"कद काठी सौंदर्य का
धन का करते गुमान,
प्रेम को भूले लोग यहाँ
जो करता कल्याण ।"

"संकट पड़े तो कौन है
जो साथ खड़ा हो जाए,
हाथ सदा फिर थाम ले
जिनकी पहचान हो जाए।"

"जो कभी विचलित न हो
ऐसा विश्वास धरूँगा,
जो हर कसौटी को पार करे
मैं ऐसा कर्मठ बनूँगा |"

"आंसू बहें आँख से
हृदय में घाव महान,
बैराग्य है या शोक है
लीजिए तो पहचान।"

"रिश्ता वहाँ न जोड़िए
जहाँ दूसरा पहले हो,
फिर पीड़ा तो होनी है
चाहे साथ हो न हो।"

"मन कह रहा भय से
घर न लियो बसाए,
इतना ध्यान तू रख मेरा
ध्यान न भटकने पाए।"

"स्वतंत्रता एक स्वाद है
कभी अनुभव तो किया जाए,
समय-समय पर दासत्व मिले
तब अर्थ समझ में आए।"

सिमरनजीत सिंह

"निश्चय मेरे मन का
गुरु मार्ग दिखाए,
स्वार्थ रहित मेरा गुरु
मैंने इष्ट से ऊपर दिया बिठाए।"

"प्रेम को कम न आंकिए
भक्त भी प्रेमी होये,
प्रेम प्रेम कर भक्त जन
खुद भगवान भी होये।"

"क्या सीमित क्या अनंत है
सब उसका है खेल,
कभी समाय शब्द में
कभी ग्रंथ दिए उडेल।"

"बाधा से न अधीर हो
परख करे ये कठोर,
बाधा से लड़ने का कर्तव्य कर
स्वामी के हाथ में डोर।"

"अपनी मैं को मार कर
जो अंधकार को खोए,
दूसरे को रोशन करे
खुद भी रोशन होये |"

"प्रेरणा स्रोत न ढूंढिए
वो खुद ही लेगा खोज,
मन की आंख से जानिए
लगे सदा फिर मौज।"

"कहाँ भाग कर जाओगे
इस मन से रे प्राणी,
इसपे कसो लगाम तुम
सिमरो शुद्ध वाणी।"

"एक वचन ही रखिए
दो मुख काहे को राख,
विश्वास न कोई करेगा
देगा न कोई साथ |"

"नफरत का बीज न बोइए
पाछे किसी के लाग,
बीजे का जब फल मिले
डसे काल का नाग।"

"वीर लड़े अन्याय से
फिक्र बिना परिणाम का,
जीवन अर्पित धर्म पर
वरना किस काम का।"

"समझ इशारे नीति के
विधि का जो भी विधान,
धर्म मार्ग पर चले चलो
करो कर्तव्य महान।"

"खेलो खेल माया का
कभी देखो तो कभी बनो तमाशा,
ना चढ़ाओ सर पर इसे
ना कोई हो आशा, ना होगी निराशा।"

"कागज़ कलम और करुणा हृदय
तीनों लेखक धन,
लिखे प्रेम या वीर रस
रखिए कोमल मन।"

"सोच समझ कर खोलिए
दिल में हो जो बात,
राज़दार उसी को चुने
जो राज़ को रखे राज़ |"

"प्रेम विषय एहसास का
समझ किसी के न आए,
छोड़ चतुर चालाकियाँ
सरल भाव अपनाए।"

"सही साथी संग उड़ान भरें
गलत डुबा ले जाए,
गलत फैसला जीवन का
अंत समय तक सताए।"

"बदलाव नियम प्रकृति का
बस यही नियम न बदलेगा,
पुराना चोगा उतार कर
नया पहन चलेगा।"

"कटु शब्द न बोलिए
शब्द में वजन है भाई,
एक मुंह और दो हैं कान
दुगने देंगे सुनाई।"

"बैठे बैठे ज्ञान दे
दूसरों को इंसान,
खुद कभी माने नहीं
न करे अंतर्ध्यान।"

"अच्छी आदतें पालिए
बुरी को न डालें खाद,
बुरे बीज का फल बुरा
कड़वा लगे स्वाद |"

सिमरनजीत सिंह

"किससे मन की बात करें
सब इसके योग्य नहीं,
उसके आगे मन रखें
सर्वव्यापी, निराकार वही।"

"चुन-चुन कर पुण्य करे
चुन-चुन करें पाप,
धर्म की बना रहे
परिभाषा अपने आप।"

"जहाँ चले जिसका चले
करते रहे अहंकार,
मरणोपरांत बनके रह गए
बस कहानी के किरदार।"

"जीवन में आएंगे
जाएंगे कई लोग,
किसी के आने की क्या खुशी
किसी के जाने का क्या शोक।"

"डट कर कर ले सामना
बिपदा से क्यूँ घबराए,
बिपदा जो आनी वो आनी ही है
विधि का विधान ये बताए।"

"पदार्थ से जो प्रेम करे
परमार्थ को समझ न पाए,
पदार्थ के मोह में ही
जीवन व्यर्थ गवाए।"

“अच्छे बुरे दिन दोनों हैं
जीवन के दो रंग,
बुरे दिनों में हार मत
सिखाते जीने का ढंग।”

"मन तेरा असली गृह
मन को साफ रखाएं,
इसमें घृणा न पालो
इसे प्रेम का पाठ पढ़ाएं।"

"आंसू मोती मन समुद्र
बहें तो हल्का होए,
एक बात का ख्याल रखें
मोती व्यर्थ न होए।"

"मन चाहा बस देखे
जो मन का न हो वो नहीं,
चाहे कितना भी सत्य हो
मन को न भाया तो कुछ नहीं।"

"आगे बढ़ते रहें जीवन में
समय की अपनी रफ्तार,
पुराने रूप सब मर जाते
नए आते कई हज़ार।"

"काम क्रोध के वश में हो जा
या इनको वश में कर ले,
कैसा जीवन जीएगा
आज निर्णय कर ले।"

"कर्म बिना धर्म न बढ़े
धर्म बिना कर्म काहे का,
कर्म धर्म दोनों साथ चले
दोनों बिन जीवन शून्य सा।"

"दुनिया भरी विकार से
पग पग करे प्रहार,
एक नाम ही सहारा है
बेड़ी लगाए पार |"

सिमरनजीत सिंह

“मृत्युलोक है भ्रम रे
पल में नष्ट हो जाए,
हाथ जोड़ कर नमन
जीवन अंत जब आए।”

"हर प्राणी ब्रह्मांड स्वरूप
खुद ही विकसित हो जाए,
जो दूजे में झांक ले
उसी में उलझा जाए।"

"दो प्रवृत्ति के लोग यहाँ
मुख पे कुछ और मन में कुछ,
सब के मुख मीठी बधाई
पीठ पीछे तुच्छ।"

> "नेत्रों से मार्ग देख
> मन से देख महत्व,
> पैरों से परिश्रम कर
> मस्तिष्क में सत्व।"

"ऐसा कर्म करते चले
मन में स्थिरता आए,
रहे बेचैन मन जब कभी
स्थिरता समझ में आए |"

"रिश्ता चाहे जो भी हो
थाली में न जाए परोसा,
रिश्ता वही निभेगा
बुनियाद जिसकी भरोसा |"

सिमरनजीत सिंह

"कौन यहाँ किसके लिए
किसका दे कोई साथ,
ज्ञान, दया, धारण कर
गुरु का न छोड़े हाथ |"

"आज तेरा कल मेरा
समय न किसी का सखा,
जो पूजे अकाल को
उसे कोई न डरा सका।"

"मुख से बोलें शुभ वचन
पूर्ण विपरीत व्यवहार,
क्या रहा मोल वचनों का
विश्वास गए वो हार।"

"दुख आए जैसे रोग है
तन का हो शुद्धिकरण,
प्रतिजन भगाए रोग को
नाम औषधि भरन।"

"जीवन मखमल की सेज नहीं
कांटे हैं पग-पग यहाँ,
मत सोचो सिर्फ तुम्हें मिले हैं
सब कांटे करते सहान।"

"क्षणिक आनंद न ढूंढिए
क्षण में ही वो जाए,
दीर्घकालिक सुख खोजे
आए तो फिर न जाए।"

"तू तू करता रे जिया
तुझ में ही खो जाए,
शुरू किया मैंने मैं से
तुझ में ही खत्म हो जाए।"

"देह तो है नश्वर
इसका न करें बैराग,
पाप की पहली सीढ़ी है
ज्ञान का करे जो त्याग।"

"सब अपने भाग्य का खा रहे
भाग्य का रहे हैं बोल,
व्यर्थ न बोलें, न खाएं
जीवन है अनमोल।"

> "जब तक साँसें चल रही
> संघर्ष जीवन का नाम,
> हर्षोल्लास से संघर्ष कर
> इससे पहले लग जाए विराम।"

"जो आए अपने बन
तय उनका जाना है,
अकेलेपन का भय न कर
तय इसका आना है।"

"मन बैराग रहे उनके
जंग में लगाएं नारा,
नमन है सब वीरों को
जिन तन चलवाया आरा |"

"कीकर बीजे माटी में
फल न मीठा पाए,
मन में बीजे घृणा
जिह्वा परप्रेम न आए।"

"कौन तरू सा महान यहाँ
पाषाण खाए फल दे,
सूखी धरती सा मन हुआ
कोई प्रेम रस जल दे।"

"तुलना एक जंजाल है
जीवन इसने किया नष्ट,
तू जिसके योग्य था
उसी का तुझे दिया वर।"

"बेईमान ये जानते
नहीं चलेगी हाट,
चोगा गहने धारण कर
काटते मिथ्या बात।"

"कर्म, धर्म निर्मल रखे
अंतरबोध करते रहे,
सचेत रहे जो पल पल हर पल
माया के मोह में न फंसे।"

"स्मरण करे सदा अपनों का
गैर को कौन विचारे,
जिसने माना जग प्रभु एक
दूसरा कैसे चितारे |"

सिमरनजीत सिंह

"धर्म मार्ग कठिन है
हर कोई चल न पाए,
त्यागने होंगे सब विकार
यह दाम भी कोई-कोई दे पाए।"

"भाव ढूंढते रहते जो
बदली जा सकती आदतें,
सिर्फ अभाव ही ढूंढते जो
न बदलती फितरतें।"

"सत्य भी पक्ष में न हो तो
सत्य सत्य न लगे,
जो मेरे पक्ष में है
क्यों वही सत्य लगे?"

"शक्ति का करे कुप्रयोग
दूजे को देता झुकाए,
शक्ति करती भ्रष्ट इसे
सत्य मार्ग से भटकाए।"

सिमरनजीत सिंह

"लिखा हुआ न बदलता
जब बन जाये इतिहास,
पात्र रहे या न रहे
नहीं मरता एहसास।"

"सत्य लगे कड़वा
या लगे मीठा आम,
सुनने वाले पर निर्भर है
सत्य है राम का नाम।"

सिमरनजीत सिंह

"मन भटके सदा काल में
कभी भविष्य कभी भूत,
इसे लगाम दो नाम की
जपेगा होकर अटूट।"

"सोच समझ कर चुनिए
किसको मन में उतारे,
मन घर सा शुद्ध रखें
नियमित जप कर प्यारे।"

"कथनी करनी में फर्क रखे जो
कपटी का क्या विश्वास,
एक बार जो घात लगे
फिर न रखें आस |"

"क्रोध नीति का शत्रु है
क्रोध न करे न्याय,
क्रोधी का मन विचलित रहे
व्यर्थ ही समय गवाए।"

"द्वंद्व चल रहा मन ही मन
धर्म संकट में फंसा,
दोनों पक्षों में हार है
स्वीकार कीजिए दशा।"

"कमाया धन बर्बाद करे
नासमझ अज्ञानी,
जो गवाए श्वास श्वास
क्या कहें उसे रे प्राणी |"

सिमरनजीत सिंह

"कौशल को सशक्त करे
बुद्धि वीर बलशाली,
निर्बलता को निर्बल करे
तब बने श्रेष्ठ शक्तिशाली।"

"परिश्रम मनुष्य का गहना है
गर्व से कर स्वीकार,
परिश्रम से न भागिए
यही जीवन का सार।"

"खुद से दृढ़ संकल्प कर
हर बाधा करेगा पार,
जब तक प्राण इस देह में
नहीं मानेगा हार।"

"सुख बांटने से दुगना
दुःख बांटे कम होए,
मन का पात्र खाली करें
फिर राम का नाम समोए।"

"ईश्वर ज्ञान अंतर ध्यान
इससे ऊंचा ज्ञान ध्यान न कोई,
असत्य चाहे लाखों बोले
सत्य सा वखान न कोई।"

"सोच समझ कर काम करें
अच्छी नीति होए,
इतना भी न सोचें कि
सोच ही में जीवन खोए।"

"जितना ऊंचा लक्ष्य हो
उतनी ऊंची कठिनाई,
विपदा से जो पीछे हटा
हाथ सफलता न आई।"

"खुद को बेहतर करने का
करें सदैव प्रयास,
काया, मन, मस्तिष्क को
निरंतर दे अभ्यास |"

"कोई गदा धनुर्धारी
कोई तेज तैराक,
सब अपने में गुणकारी
कैसे तुलना करेंगे आप।"

"अपने कर्मों को भोगिए
भोगना ही है न्याय,
कर्मों ही का फल मिले
कौन किसका बुरा कर जाए।"

"जिह्वा बोल सके मगर
झूठ भी बोल जाती है,
आंख बोल न पाए फिर भी
मन का सत्य बताती है।"

"उत्तरदायित्व मिला था जो
किया सम्पन्न ये काम,
आपके चरणों में अर्पण
करें स्वीकार प्रणाम |"

9 798896 108092